AF359553

EXTRAIT DU JOURNAL LA LUMIÈRE

SALON

DE 1857

PAR M. LA GAVINIE

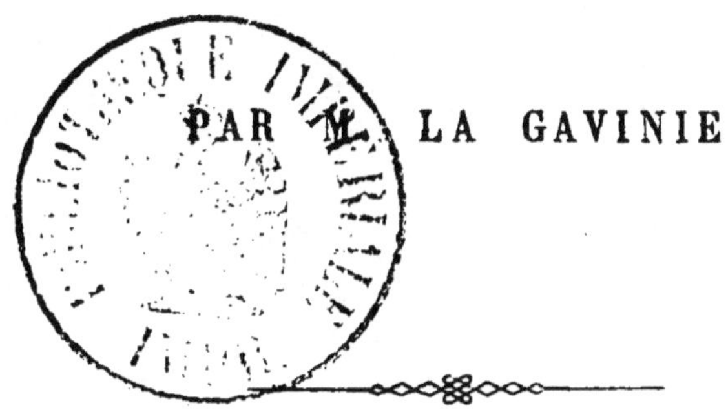

PARIS

IMPRIMERIE CENTRALE DES CHEMINS DE FER

DE NAPOLÉON CHAIX ET C·

Rue Bergère, 20, près du boulevard Montmartre.

1857

SALON

DE 1857

Le public habituel des expositions des beaux-arts peut se diviser ainsi :

1° Les artistes et les amateurs sérieux;

2° Le monde ignorant et banal, composé de la classe élégante ou bourgeoise, se rendant au salon par genre et manifestant la même admiration devant une exhibition d'*Astecs* qu'en présence des tableaux des maîtres;

3° Les individualités impressionnables appartenant aux divers rangs de la société, mélange d'admirateurs intelligents ou naïfs de tout ce qui éveille le sentiment ou ennoblit la pensée.

Les premiers formulent des arrêts souvent injustes parce qu'ils jugent au point de vue scolastique.

Les seconds consultent toujours le livret avant de

s'enthousiasmer, et ne vont qu'aux réputations déjà consacrées.

Seuls, les derniers, guidés par un goût naturel, reconnaissent la valeur des œuvres, et si les défauts et les qualités d'exécution sont au-dessus de leur critique, du moins ils ne passent jamais indifférents devant une production poétique, car ils y trouvent l'écho des impressions mystérieuses de leur âme.

Nous sommes de ceux-là, et c'est avec ces mêmes dispositions que nous sommes entré dans le splendide palais réservé à l'exposition.

Il est rare qu'un écrivain chargé d'un compte rendu semblable avoue avec notre franchise son incompétence dans la matière et son inhabileté non-seulement comme critique, mais comme connaisseur.

Nous avons pensé qu'assez d'autres, à tort ou à raison, s'érigeaient dans la presse en grands juges de l'art, pour qu'une voix venant de la foule ne fût pas trouvée inutile et qu'on l'écoutât avec bienveillance ou curiosité.

Ce n'est pas seulement dans les feuilletons du lundi que les auteurs dramatiques vont chercher des conseils, ils les puisent aussi dans les marques d'approbation ou d'improbation données par ce public dont nous faisons partie; et tous les artistes agissent de même. Ces raisons nous ont décidé à accepter, malgré notre inexpérience, une tâche rendue difficile à cette place, puisqu'elle a été remplie avec talent, les années précédentes, par deux écrivains distingués, MM. de Lacretelle et Paul Nibelle.

Dès le lendemain de l'ouverture du salon, en signalant le talent de facture incontestable auquel nos peintres sont arrivés, nous disions qu'on remarquait tout d'abord, dans l'examen de l'exposition, l'absence des qualités opposées de fougue et de style, et l'inintelligence générale des sujets.

En vain, écrivions-nous, on cherche dans ces vastes salles en pleine lumière, des tableaux qui élèvent la pensée et la transportent sur les hauteurs sereines de l'art.

N'est-ce pas beaucoup la faute du public qui s'arrête de préférence en face de banalités sentimentales et de plaisanteries d'un goût douteux ? N'est-ce pas surtout la faute des artistes, qui renoncent, par des considérations de vente, à leurs meilleures inspirations, pour se livrer à des productions faciles, à des compositions presque vulgaires ?

Agir ainsi, c'est substituer la romance à l'opéra, la chronique, le courrier de Paris au poëme, le vaudeville au drame, et remplacer enfin par quelques mois de succès une gloire pourtant bien rêvée.

Peintre, sculpteur, poëte ou musicien, tout artiste doit révéler, selon nous, l'idéal intime qu'il a en lui, sous peine d'être assimilé à un ouvrier habile. — Qu'importent les qualités de pâte, la correction du dessin, le *rendu* en un mot, si le talent du peintre arrive tout au plus à reproduire les modèles comme le ferait une glace ou une mauvaise photographie ?

Il y a deux manières élevées de comprendre l'art :

Au point de vue de l'idéal, c'est-à-dire du style, comme M. Ingres ; au point de vue de l'humanité, c'est-à-dire de la passion, comme M. Delacroix.

Ainsi, quelque temps après cette féconde révolution de 1830 dont nous sommes les fils dégénérés, ainsi vit-on, en littérature, Lamartine et Victor Hugo se placer sur les deux sommets lumineux.

L'un, plus éloigné alors de l'esprit moderne, puisait ses aspirations dans les régions éthérées de l'idéal, pour nous élever jusqu'à l'extase ; l'autre écoutait l'homme et non pas l'ange, pour nous émouvoir ensuite par des visions et des créations enfiévrées.

Donc, toutes les fois qu'au milieu de ces toiles nombreuses nous en trouverons qui dénotent ces tendances supérieures de l'art, ces aspirations du génie, nous les préférerons à celles qui réunissent peut-être plus de qualités d'ensemble, d'harmonie, d'imitation, de composition et de couleur, mais qui traitent des sujets rebattus ou d'arrangement, et dont les sentiments de convention sont mis à la portée du goût bourgeois.

Sous les dénominations diverses : histoire, paysages, genre, animaux, sculpture, architecture, nous allons examiner les œuvres les plus importantes du salon, non pas en critique, mais en visiteur qui exprime ses sensations personnelles.

PEINTURE D'HISTOIRE.

La foule aime les scènes de désolation et de carnage. Tout sujet mélodramatique la passionne. Entre la Mignon d'Ary Scheffer et n'importe quel brigand calabrais, son choix n'est pas douteux.

Jadis, avide de sang, elle se pressait dans les cirques romains pour voir livrer les chrétiens aux bêtes ; aujourd'hui, pour assouvir ce besoin dégénéré, elle se contente des drames judiciaires et des exécutions capitales.

Un peintre d'un talent médiocre est certain d'un succès populaire en flattant, au lieu de le guider, ce goût du public.

Il faut donc se montrer sévère pour les tableaux à effet, comme pour les pièces du boulevard où le poignard, le poison et les détonations d'armes à feu jouent un rôle principal.

Les peintres d'histoire doivent-ils se borner à reproduire brutalement les faits ? Ne leur appartient-il pas d'en faire jaillir une pensée élevée, philosophique ?

Dans les sujets de bataille, où la vérité locale et l'impartialité sont des qualités essentielles, ne doit-on pas rechercher, planant au-dessus du combat et exprimée harmoniquement par l'ensemble de la composition, l'impression particulière de l'événemen ?

Quoi ! dira-t-on, en reproduisant des choses d'armée, faut-il traduire aussi les sensations qu'elles éveillent?

Sans doute, et c'est là, selon nous, ce que Balzac appelait *la couleur,* c'est-à-dire la splendeur du vrai.

M. *Horace Vernet* ne procède pas ainsi. Le maître habile connaît son public. Il en a étudié les enthousiasmes, il l'a suivi certainement au Cirque impérial, lors des représentations des pièces militaires. Il n'a oublié aucune des ficelles empoignantes.

Je me trompe, il faut lui savoir gré d'avoir omis, dans la *Bataille de l'Alma,* la scène toujours applaudie de la cantinière soutenant et pansant le soldat blessé. Il est vrai qu'elle est remplacée avec art par l'épisode du boulet véridique qui devait atteindre un officier supérieur, à quelques pas de S. A. impériale le prince Napoléon. Le boulet arrive, les chevaux le *voient,* et leurs regards effarés avertissent le spectateur du danger, plus encore que le mouvement d'effroi de l'officier, qui contraste avec le sang-froid du prince.

A gauche, un zouave et un higlander, enlacés *chauvinement,* saluent avec fierté. A droite, un militaire sourit malgré sa blessure. Des fourgons bien lancés arrivent au second plan.

Une chaumière qui brûle, une rivière bordée de peupliers, des bataillons qui vont la franchir, font les accessoires; l'état-major du prince est le sujet principal. Les figures sont réussies, les chevaux sont superbes.

Pour les Russes, ils sont derrière la toile.

Le *Débarquement de l'armée française en Crimée*, par M. *Pils*, est le pendant du tableau de M. Vernet.

C'est la critique la plus sévère qu'on pouvait faire.

Dans cette toile, d'une supériorité incontestable, figurent aussi au premier plan les dignes chefs de cette vaillante armée. Ils sont là, officiers et soldats, au milieu du désordre savant du débarquement. Leurs poses sont naturelles et toutes françaises. Insouciante ou rêveuse, la physionomie de chacun d'eux exprime bien ce courage qui doit triompher d'une résistance héroïque.

Les admirateurs de M. Vernet, et ils sont nombreux, reconnaissent les beautés de l'œuvre de M. Pils; ils conviennent qu'il approche de l'habileté d'exécution du peintre de la *Prise de Rome*; mais ils préfèrent au ton vrai et à l'aspect animé de sa belle toile, les tons de porcelaine au grand feu que leur peintre favori donne à toutes ses compositions.

Une vraie bataille est celle d'*Inkermann*, par M. Protais. — J'ai entendu reprocher le défaut de confusion à cette ardente mêlée, comme si on devait y trouver l'ordre qui préside à une revue.

Les lignes noires des collines entourent comme un crêpe funèbre le plateau immense et morne où pullulent les combattants. Les uniformes rouges des Anglais se confondent avec les capotes fauves des Russes. Les zouaves accourent pour décider la lutte acharnée.

Le tableau, placé un peu trop haut, ne permet pas d'apprécier les détails d'exécution, mais l'ensemble est saisissant. Tout est d'une gamme sobre et d'une imposante tristesse. Là au moins la pensée sombre de la guerre fait affluer les souvenirs. On songe que le sang répandu par les armées de cinq nations n'a pu encore fertiliser ces plaines ravagées, et que de pauvres mères pleurent encore les morts restés là bas ; car lauriers et cyprès, joie et tristesse, tout cela est presque d'hier.

Ce n'est point dans son bel atelier de la place Vintimille que M. Protais a trouvé une semblable inspiration ; c'est sur le théâtre glorieux de la guerre d'Orient, près de la tente hospitalière du général Bosquet et sous le feu de l'ennemi, qu'il est allé la chercher.

Il a même eu l'honneur d'accompagner un aide de camp chargé d'une mission dangereuse, et, plus heureux que cet officier tué à ses côtés, il a pu recevoir au retour les félicitations de l'intrépide général.

La *Mort de M. le colonel Brancion* a été composée d'après un dessin fait dans l'intérieur d'une redoute russe. L'action est nettement engagée; le colonel est frappé au moment où, à la tête du 50ᵉ de ligne, il arrive au sommet d'un monticule escarpé du *Mamelon Vert*.

Cette toile suffirait pour justifier des éloges, mais

nous les réservons pour une composition complète et qui révèle un sentiment profond.

On sait qu'après leurs premières victoires nos troupes, rapprochées de Sébastopol, durent organiser le siége meurtrier. L'hiver arriva. Il fallut, au milieu de steppes désolés, sous un vent glacial, par une pluie continuelle, attendre l'heure du combat. Que les heures étaient lentes !

Les canons grondaient sans relâche, le typhus et le choléra décimaient les armées. Le découragement et la nostalgie devaient s'emparer des plus déterminés.

Comme ils souhaitaient avec ardeur, nos vaillants soldats, l'ivresse de la bataille ! Avec quelle insistance ils demandaient l'assaut, pour mourir au moins en combattant !

Leur résignation ne fut-elle pas de l'héroïsme. leur inaction de la bravoure ?

Voilà ce que M. Protais a voulu rendre, et pour cela il a peint avec une poésie touchante, énergique, simple surtout, quelques chasseurs de Vincennes conduits par un officier en pleine tranchée.

Ils vont. La pluie les inonde, l'eau monte jusqu'à leurs genoux, une bise glacée les tourmente, la mort les attend peut-être à quelques pas ; ils vont, calmes et résignés.

M. Protais a appelé cette œuvre *le Devoir*, et il eût été difficile d'arriver à une meilleure interprétation.

N'est-ce pas ajouter mon opinion personnelle à celle de meilleurs juges que de prédire un avenir sérieux à cet artiste, dont l'individualité est aussi franche et les qualités d'impression aussi heureuses?

M. Yvon a exposé une toile magistrale. Tout autre eût peut-être reculé devant les difficultés d'exécution. C'est une hardiesse dont il faut lui tenir d'autant plus compte qu'il est resté consciencieusement dans l'exactitude historique.

Une note communiquée par le général Mac-Mahon, sur la prise de Malakof l'a guidé dans cette voie; et si l'on veut bien comprendre la composition, il est indispensable d'avoir cette note sous les yeux.

Le talent de M. *Yvon* est incontesté. Il a déjà conquis sa place au premier rang de nos peintres de bataille. La *Prise de Malakof* ajoutera à sa célébrité.

Nous l'avouons cependant, cette œuvre est loin de nous être sympathique.

Elle nous paraît manquer d'unité. La couleur est froide et jure avec l'énergie du dessin. Il y a, malgré la recherche de l'entrain, un effet théâtral, au-dessus du talus, qui ressemble fort à l'apothéose. L'officier russe ramenant les fuyards a quelque parenté avec l'émir de la *Bataille d'Aboukir*, de Gros. Enfin l'intérêt se divise sur des scènes particulières réunies aux dépens de l'ensemble.

Les *Chirurgiens français pansant des blessés russes*, par M. Rigo, attirent l'attention des visiteurs. C'est une sage peinture; mais les accoutrements grotesques des blessés russes *attendris* détruisent toute émotion.

Je veux signaler une *Prise du Mamelon Vert*, par M. *Hersent.* Des zouaves, secondés par un régiment de ligne, repoussent l'ennemi.

L'acharnement opiniâtre des combattants est bien rendu ; les blessés et les morts ne tombent pas trop en gladiateurs classiques ; enfin l'odeur de la poudre est dans l'air.

M. *Andrieux* s'est rappelé l'éruption du Vésuve pour éclairer une *Prise de Malakof* qui a des qualités de fougue.

M. *Durand Brager* a fait avec un talent tout spécial le panorama complet du théâtre de la guerre.

Dans ses *Esquisses photographiques*, notre rédacteur en chef, M. Lacan, a passé en revue les belles phothographies qui serviront de documents officiels , concurremment avec l'œuvre de M. Durand Brager.

L'objectif est resté braqué en face du canon ; le crayon et le pinceau ont bravé la mitraille. — Les peintres et les photographes, comme nos soldats, sont revenus vainqueurs, et méritent des couronnes !

En outre des épisodes de Crimée traités par MM. Bellangé, Bourgoin, Charpentier, etc., etc., etc., dont il nous est impossible de nous occuper sous peine de donner à ces lignes la monotonie d'un procès-verbal, il est encore différents sujets de bataille qui captivent la foule.

La toile de **M.** Armand Dumarescq, représentant la *Mort du général de Caulincourt,* tué à la tête d'une charge de cavalerie à la bataille de la Moskowa, a obtenu un légitime succès.

Les armures sont étincelantes. Aciers et cuivreries font scintiller leurs reflets sur la plaine neigeuse et ensoleillée. Hurrah ! la charge meurtrière avance sur les bataillons ennemis, elle doit contribuer à la victoire glorieuse de cette terrible journée où nous perdîmes sept généraux et les Russes cinquante mille hommes.

La Société des amis des arts s'est empressée d'acheter l'œuvre de **M.** Armand Dumarescq, et c'est un encouragement donné au talent minutieux de l'artiste, qui (est-ce une critique ou un éloge ?) apporte le même soin dans le rendu des boutons des uniformes que dans la tête même des personnages.

Je dois ajouter que j'ai entendu vanter la solidité de pâte et l'adresse extrême de ce peintre. Qu'il prenne garde, l'adresse devient parfois dangereuse, car elle amène le manque de sincérité au point de vue de l'exécution. Cela dit, reconnaissons avec tous l'aspect séduisant de l'ensemble de cette composition pleine de promesses pour l'avenir.

Le *Combat des trente,* par M. O. Penguilly, offre quelques rares et sérieuses qualités qui ne rachètent pas l'aspect général.

Le ton est *trente* fois faux et les attitudes des combattants *trente* fois malheureuses. Sont-ce bien là les preux chevaliers d'autrefois, s'escrimant d'estoc et de taille ? Non; c'est échappé de *trente* jeux de cartes; Lancelot, le valet de trèfle, lui-même, *trente* fois répété, ou, si on le préfère, *trente* figurines enlevées à des lampes de zinc.

Le tableau retardataire de M. Gustave Doré a soulevé des discussions vives. Il faut faire la part de jalousies mesquines et reconnaître même *l'intention.*

Doué d'une imagination puissante et d'une facilité malheureuse, M. Doré est arrivé, en moins de deux ans, à faire produire à son crayon le rapport d'une charge d'agent de change. C'est là ce que ne peuvent lui pardonner certains camarades. En reconnaissant que les succès trop rapides nuisent parfois au développement du talent, et que l'infortune est appelée avec raison la sage-femme du génie — le mot est de Napoléon — nous n'admettons pas qu'il soit indisponsable, pour arriver à la gloire, de se voir privé de commandes et d'encouragements.

Parmi les jeunes artistes qui cherchent leurs créations en dehors des inspirations classiques, M. Doré est un des plus vaillants. N'est-il pas étrange de voir son œuvre condamnée de parti pris par les *jeunes,* qui sont bien plus sévères, bien plus académiques à son égard que l'Institut lui-même ?

La *Bataille d'Inkermann* est une page d'une forte originalité. Elle impressionne par sa fougue, malgré la mollesse du coloris. C'est une vision de la terrible lutte, une sorte de ballade comme celle de *Lénore*, ou *les Morts vont vite.*

Des effets fantastiques de lumière, un mors aux dents général, la recherche de types accentués et de physionomies colorées rachètent, selon nous, une tonalité fausse et des incorrections nombreuses.

L'exécution de cette grande toile permet donc de juger les exagérations et les qualités de ce peintre. Tant pis pour ceux qui ne voient que les défauts! Il faut l'avouer, du reste, ces écarts du pinceau trahissent presque toujours des natures d'élite qui ont l'horreur du vulgaire. Lorsque M. Doré pourra traduire plus correctement sa pensée et qu'il aura abandonné surtout les productions mercantiles, il prendra sa place à la suite de ceux appelés à remplacer les Delacroix, les Decamps, etc., etc.

La *Veille d'Austerlitz*, par M. Gigoux, devrait lui valoir la phrase de condoléance usuelle : c'est l'erreur d'un peintre habile qui prendra sa revanche. Des amis maladroits cherchent à dissimuler cet insuccès ; ils vantent les difficultés vaincues ; l'éclairage par les torches enflammées leur paraît superbe ; — cette illumination singulière agace l'œil, voilà tout. Quant aux grognards, à vrai dire, il n'y en a qu'un, plusieurs fois répété, et venu en droite ligne d'un cadre de Charlet. Il entoure le Petit-Caporal avec un enthousiasme qui ne sort pas de la toile, car au lieu de la figure sévère du grand empereur, M. Gigoux a reproduit une sorte de statue coloriée, commune dans les boutiques des marchands de vins.

Le *Départ d'Attila après le sac d'Aquilée*, par M. Garipuy, dénote chez son auteur une recherche de composition dont il faut lui savoir gré. Les hordes déchaînées par le *fléau de Dieu* arrivent du fond de l'Asie comme un torrent dévastateur, offrant au pinceau qui en a su tirer parti des types énergiques et sauvages.

Je crains qu'en représentant le roi des Huns sous des traits repoussants, laid comme un Kalmouk, et conduisant lui-même ses bandes redoutées, le peintre n'ait consulté que des souvenirs de collége. Un peu de véritable histoire n'eût rien gâté cependant. A la place de cet Attila de convention, M. Amédée Thierry, dans un dernier volume, a rétabli la *vérité vraie*, et rendu un hommage tardif au terrible conquérant, qui apparaîtra désormais dépouillé de toute rudesse. Attila était un roi pacifique, hospitalier, bonhomme même, un joyeux compagnon, laissant ses lieutenants étendre au loin son empire pour vivre gaiement, à la manière du roi d'Yvetot !

Voilà comment il faudrait écrire l'histoire avec le pinceau. Cela nous rappelle un tableau exposé il y a quelque temps au Cercle artistique, avec cette inscription : *Attila ravageant une ville d'Algérie.* Après des observations, le peintre répondit : Eh bien, puisqu'Attila n'a pas saccagé ces contrées, indiquez-moi une autre ville ravagée pouvant ressembler à la mienne.

M. Boulanger, premier grand prix de Rome (1849), est appelé à signer avant peu des œuvres remarquables. *César arrivé devant le Rubicon* n'est qu'une promesse, malgré la sympathie du coloris et le charme du sentiment. C'est le matin, au milieu des fraîcheurs parfumées, que s'avance l'auguste empereur; un petit berger, joueur de flûte, contraste bien par sa grâce avec l'expression sombre du César. La pose de ce dernier est un peu lourde; le cheval manque tout à fait de fierté. C'est à Rome cependant, mais dans une caserne de cavalerie française, que M. Boulanger a pris son modèle. Il a choisi un brave coursier de race percheronne, le fait nous a été affirmé, pour le placer au bord du Rubicon. La tête de l'animal est piteuse et inquiète; César n'eût jamais franchi avec lui le fleuve célèbre. Cet anachronisme et quelques réminiscences académiques n'empêchent pas ce tableau d'être un des plus importants du salon.

Chilpéric et Frédégonde devant le cadavre de Galzuinthe, par M. Mazerolle; *Locuste essayant des poisons sur un esclave*, par M. Carlier, révèlent le talent de ces deux peintres et font regretter le choix malheureux des sujets. Pourquoi ne pas prendre des motifs moins rebattus et plus émouvants ?

Les décorations du grand amphithéâtre de l'Ecole de médecine, par M. Matout, sont d'excellentes peintures. Sagesse rare, habileté extrême unie à la simplicité, telles sont les qualités qui ont présidé à la composition de ces toiles honorables, qui vaudront à l'artiste des commandes moins ingrates que l'*Institu-*

tion de la première clinique à l'Hôtel-Dieu et qu'un cours de chirurgie au XIIe siècle.

Nous ne parlerons pas de la peinture officielle, parce qu'elle produit rarement des œuvres d'art. L'*Arrivée de la reine d'Angleterre*, de M. Muller, est un exemple de l'impuissance du talent renfermé dans les limites d'un procès-verbal du *Moniteur*.

Le *Congrès de la paix*, de M. Dubuffe, où chaque personnage est isolé malgré les efforts tentés pour donner de l'unité au groupe ; les *Scènes d'inondation*, où l'habileté de M. Antigna n'a pu triompher de l'ingratitude du sujet, viennent à l'appui de cette assertion.

Les tableaux religieux sont rares et presque tous médiocres. N'accusons pas ceux qui font d'inutiles tentatives. A part les dernières toiles tant admirées de M. Paul Delaroche, il y a déjà longtemps qu'on a constaté la décadence de ce genre. Il faut le dire, nos artistes, ne pouvant s'inspirer d'une foi absente, sont forcés de se souvenir des œuvres des maîtres anciens, et ne font plus guère que des à peu près de copies.

M. Paul Baudry, qui deviendra célèbre avant peu, n'a pu se défendre de ces plagiats. Cependant son *Saint Jean-Baptiste*, qu'on accuse de manquer d'ensemble, nous paraît conçu dans une donnée des plus heureuses. L'enfant, assis en plein bois, au milieu d'un effet de lumière tamisée par les arbres, attire les connaisseurs par *ce je ne sais quoi* qui est le signe certain de la maîtrise.

Une harmonie générale se retrouve dans les autres compositions de ce peintre distingué, et particulièrement dans une *Léda* et dans une étude charmante, *la Fortune et l'Enfant*, qui rappelle le Titien.

Le *Supplice d'une Vestale* est l'œuvre de cinquième année ; car M. Paul Baudry appartient, lui aussi, à cette école de Rome qui a fait tant de fruits secs et créé tant d'adorateurs du poncif. Brisant avec les traditions fastidieuses de l'école, ce qui était déjà une marque de virilité, il a dramatisé sa toile et prouvé qu'il ne se contenterait pas de la science d'exécution.

Les personnages *dégringolent* un peu trop sur le premier plan, ont dit les grands juges, mais ils ont applaudi la composition.

Dans un *Portrait d'homme* (le plus beau portrait du salon), qui a du reste recueilli des éloges unanimes, l'artiste dément l'accusation de ceux qui nient son originalité, en ne lui attribuant que des qualités d'assimilation.

Si M. Baudry persévère, s'il *ose* davantage, il sera, dans quelques années, à la tête de la jeune pléiade.

La *Notre-Dame de Bourgogne*, de feu Ziegler, a été appréciée par tous les critiques, bien qu'elle soit non terminée.

On sait que Ziegler a été le fondateur du journal dans lequel nous traçons ces lignes. Nous empruntons à notre ami Lacan, qui était le sien, les renseignements suivants :

Ziegler n'a fait qu'un nombre peu considérable d'œuvres ; mais tous ses tableaux, sans exception, sont non-seulement des productions étudiées avec soin, mais encore leur composition révèle l'homme instruit et le penseur.

Dans une épître en vers que lui adressait un ami, le poëte lui conseillait de puiser chez les anciens le secret de leurs œuvres divines.

Ziegler suivit largement ce conseil, et si l'on pouvait douter de ses études sérieuses, on en trouverait la preuve incontestable dans ses *Etudes céramiques*. Ce livre, qui montre à la fois l'érudition de l'auteur, la souplesse de son esprit, l'élégance attique de son style et la richesse de son imagination, est, en dépit de son titre modeste, une histoire complète de l'art dans tous les temps et sous toutes ses formes, dans laquelle les artistes pourraient puiser de précieux renseignements.

Dans la *Notre-Dame de Bourgogne*, exposée après le décès de son auteur, on sent que ce qui a préoccupé le plus Ziegler, c'était de rendre dans toute sa naïveté le sentiment à la fois païen et chrétien *d'une* vierge vigneronne. La Vierge, bien assise, a dans ses bras le *bambino*, qui tient, avec la grâce joviale d'un petit Bacchus, une grappe d'un bon raisin du pays. — Les saints patrons de la ville de Dijon, dans des attitudes simples, rustiques, bourguignonnes, entourent l'estrade de marbre, ornée de mosaïques, où est placée la Vierge. — Une treille étend sur tous les personnages ses rameaux chargés. — Au fond se voit le clocher élancé de la cathédrale dijonnaise.

Les maîtres italiens eussent signé cette toile, qui a un charme particulier, et dont Ziegler eût diminué, en la terminant, la crudité des tons violets.

PAYSAGE.

Il y a des gens qui accusent notre génération de stérilité. La peinture religieuse est morte avec la foi, disent-ils, et sans la foi point d'art. Ces gens ignorent sans doute la loi des transformations et du progrès. Le paganisme déifia la forme, l'art chrétien substitua l'esprit à la chair, la *Vierge* à la *Vénus*; aujourd'hui, ce n'est point à ces religions, mais directement à l'œuvre de Dieu que nos peintres demandent des inspirations : leur Bible est la nature, et chacun d'eux essaie d'en traduire une page verte :

> Vive le livre du bon Dieu,
> Où ruisseaux, campagnes fleuries,
> Etalent sous le dôme bleu
> Leurs verdoyantes rêveries.

C'est dans le *paysage* que l'art s'est réfugié, et il faut reconnaître la supériorité à laquelle ce genre arrive peu à peu. Au lieu de représenter une éternelle *Cérès* tenant à la main les *blonds épis*, et un Bacchus entouré de *pampres*, le pinceau moderne reproduit, non pas une allégorie de convention, mais un vrai champ de blé avec de vrais paysans; ou bien, au milieu des vignes, une scène de vendangeurs.

Le *paysagiste* ne s'arrête pas à une copie fidèle, car la peinture n'est pas un art borné à l'imitation. Selon que sa pensée est gaie ou assombrie, la toile révèle son sentiment personnel, ses aspirations mystérieuses : c'est un poëme où il reflète son âme en même temps que les cieux.

Aucun autre mieux que M. Daubigny n'est parvenu à rendre cette impression particulière, et ses quatre tableaux de cette année sont autant de chefs-d'œuvre. — La *Vallée d'Optevoz*, avec ses eaux tranquilles, ses rochers sombres, son ciel calme ; — le *Printemps*, avec ses pommiers en fleurs, ses oiseaux, ses herbes vivaces et l'amour partout ; — le *Soleil couché*, avec ses clartés indécises et ses teintes mélancoliques ; enfin la *Futaie de peupliers*, d'un effet moins heureux peut-être, mais d'une sincérité admirable, classent M. Daubigny comme un artiste hors ligne.

Aux expositions précédentes, les critiques reprochaient à ce peintre de ne faire que des *études*. Son envoi de cette année est la meilleure réponse.

Lorsqu'on a cet accent de la nature et cette simplicité de moyens unie à la volonté de *faire vrai*, on est un grand peintre.

Son talent, qui a constamment progressé, arrivera à une facture plus vigoureuse, et nul alors n'aura porté aussi haut que lui l'interprétation de la nature.

Hameau dans le Cantal, de M. Rousseau (Théodore), est sans contredit son meilleur tableau au salon. Le soir, aux heures crépusculaires, vous rappelez-vous être passé, emporté dans une chaise de poste, au milieu des routes d'où s'apercevaient tout à coup les toits enfumés des villages ? Voilà l'effet plein de hardiesse qu'a rendu complétement M. Rousseau. Devant les toiles de ce maître, il faut aller à la recherche de l'impression. Elle est bien plus exprimée dans les détails que dans l'ensemble. Et ce qui lui nuit surtout, c'est une sorte d'*émaillerie* générale.

M. *Lambinet* sait choisir ses *paysages* et les traduit facilement et avec conscience. Il charme plutôt qu'il n'émeut. Une entente générale de l'effet, une correction sans monotonie, de la vie, du mouvement ; c'est beaucoup ; mais est-ce assez ? *Au mois de mai* est une toile que nous préférons aux quatre autres envois de ce peintre. Là, au moins, on ne peut lui reprocher d'avoir manqué de sensibilité.

Un matin en été, par M. Anastasi, a toute notre sympathie. Si cet artiste, qui a eu le tort de trop voir la Hollande, veut déterminer le succès, il doit, selon nous, entrer franchement dans les données du tableau que nous mentionnons. Il a des qualités très-réelles, et sa peinture dénote une recherche patiente en même temps qu'un amour sérieux de son art.

M. Français occupe une des premières places au salon, et c'est justice. Nous ne partageons pas cependant son attrait pour la nature arrangée et maniérée. Nous préférerions suivre dans les champs M. Hanoteau, l'heureux auteur du *Vigneron*, dont l'éloge est dans toutes les critiques. Ses

Prés de Charencey et son *Etang dans le Nivernais* sont deux études pleines de bonnes observations. La pâte est d'une solidité qui manque à presque tous nos jeunes paysagistes. Le talent de M. Hanoteau se complétera avec un peu plus d'entrain et de soleil.

Il faut battre des deux mains et ne pas reculer devant l'enthousiasme lorsqu'un talent nouveau se révèle. M. Blin a apporté une individualité très-remarquable dans quatre toiles dignes chacune d'attirer l'attention, mais d'un effet un peu trop identique. Il y a là promesse d'un maître dans cet envoi, qui assure déjà au jeune artiste un véritable succès.

Les *Paysages* de M. Lafage, quels que soient leurs défauts, sont tout à fait dans notre sentiment, et nous dispensons le lecteur des rêveries qu'ils nous inspirent.

Nous n'avons ni le loisir ni l'espace suffisant pour cela.

C'est à vol d'oiseau que nous faisons cette revue, et nous prévoyons bien des oublis.

M. *Baudit* suit une phase de progrès très-rapide, et il arrive sans aucune prétention à trouver sa voie. M. *Harpignies* met de l'esprit de bon aloi dans ses moindres compositions, et le public lui en sait gré, sans que les artistes puissent y trouver à redire.

Il nous reste à examiner, parmi les paysages, quelques toiles importantes qui indiquent une voie nouvelle.

Des eaux bleues, des arbres verts, des coins de prés, des rayons de soleil ou des clairs de lune, enfin les mille jeux de la lumière, si habilement rendus qu'ils soient, fatiguent l'attention. Les magnificences de la nature elle-même restent bien souvent sans effet sur le plus grand nombre, et ceux qui sont les spectateurs enthousiastes de ces beautés souveraines demanderont à un artiste plus que du talent pour éveiller leur sentiment d'admiration.

Ajouter des scènes champêtres aux divers accidents du paysage, placer les personnages dans le décor, c'est augmenter l'intérêt.

Avec un sujet bien simple M. Millet a su nous retenir longtemps devant sa toile.

Des glaneuses, non pas des sœurs de Ruth, mais de pauvres paysannes toutes modernes, ramassent dans le champ des épis oubliés. D'où vient qu'en regardant les braves *besogneuses* aux formes allourdies, aux coiffes grossières, aux vêtements déchirés, on soit plus ému de leur misère que devant la réalité? Là est le secret de l'art! Les partisans de M. Courbet devraient juger devant cette œuvre ce qui manque à celles de leur habile chef. Il ne suffit pas d'arriver à la vérité photographique, il faut traduire son sentiment personnel. Les glaneuses de M. Millet laissent deviner toute une tristesse. La gravure touchante d'*Holbein* revient à la mémoire :

> Après grand labeur et patience,
> Pauvre paysan, voici la mort.

M. Hédouin, dans ses *Glaneuses surprises par l'orage*, a mis autant de sincérité. Elles fuient pour de bon, ces femmes déformées par les rudes fatigues des champs. L'averse commence. Tout à l'heure, les sabots à la main, il faudra sauter les ruisseaux changés en torrents.

Dans la *Bénédiction des blés*, M. Breton a réuni autour du pasteur les marguilliers et les dévotes de l'endroit. Un sacristain et un garde champêtre sont superbes d'importance. Leur comique, bien que trivial, est de meilleur aloi que celui des horribles bourgeois de M. Biard.

La tonalité générale est maussade ; mais que de bonnes intentions et de sérieuses promesses dans ce tableau qui nous rappelle certaines pages de M. Champfleury!

Il y a une vraie parenté de talent entre les deux artistes.

Les expressions des physionomies ont la même valeur que les portraits de l'écrivain et révèlent les mêmes qualités d'observation. On reconnaît surtout le même désir louable de ne rien omettre.

Beaucoup plus de poésie et de noblesse dans le *Convoi funèbre*, de M. Knauss, que nous trouvons dans une voie fausse parce qu'il côtoie les rives perfides, mais agréables, de la fantaisie.

Ce défaut de M. Knauss devient une qualité chez M. Maurice Sand, qui s'attache à peindre la légende

et l'impression fantastique. Les superstitions berri-
chonnes ainsi racontées par son pinceau constituent
une individualité très-accentuée. — Nous aimons ces
jeunes gens qui apparaissent tout d'un coup avec des
qualités originales au lieu de se faire comme tant
d'autres le reflet de maîtres connus.

On voit que nous ne considérons pas comme des
peintres de genre les artistes qui enrichissent de
sujets intéressants un vrai paysage. Quelle que soit, du
reste, l'importance des figures, on sent que l'inspiration est venue au milieu des champs. C'est l'églogue
ou l'idylle tout entière qu'ils ont voulu rendre.

M. Harpignies, dont les compositions sont toujours
spirituelles, nous fournit un exemple. Ses *Chercheurs
d'écrevisses* ne sont qu'un prétexte pour faire de la
villégiature, et devant ses toiles la pensée agrandit le
paysage, si borné qu'il soit :

> Pendant que la femme à l'église
> Ecoute monsieur le curé,
> Que l'homme à l'auberge se grise,
> Et le merle au raisin doré;
>
> Nu-jambes, les gamins se moquent
> Des ruisseaux aux flots babillards ;
> Où, comme sur de verts billards,
> Les cailloux d'ivoire se choquent.
>
> Les poules s'en vont becquetant,
> Des canards accroupis s'endorment,
> D'autres, en bataillons se forment
> Et se dirigent vers l'étang.

Le soleil joue à *cache-cache*
Dans le bois. Un rayon perdu
Eclaire parfois une vache
Au poil roux, au muffle tendu.

Et les oiseaux disent l'églogue
Bien mieux que moi, tandis qu'au loin
Tristement aboie un vieux dogue
Couché près la meule de foin.

Le talent du paysagiste ne consiste pas seulement à reproduire, mais à laisser deviner. Là excelle surtout M. Corot, dont les efforts arrivent à donner plutôt de fugitives impressions qu'une traduction littérale.

Notre peintre favori de l'Orient, c'est, au salon, M. Tournemine Il a rapporté de l'Asie Mineure des souvenirs d'une poésie incontestable. Ses toiles ont un aspect charmant; le ciel est immense et plein de mélancoliques reflets. On est tout ensoleillé devant ces compositions, qui assurent à leur auteur une réputation sérieuse.

La palette brillante de M. Fromentin n'a rien perdu cette année de sa valeur. C'est, lui aussi, un artiste convaincu, un *harmoniste* remarquable qui procède souvent comme Decamps. La *Halte de marchands*, *Un Eté dans le Sahara*, et cinq autres tableaux, mériteraient une analyse particulière.

M. Imer, M. Ziem, à des titres divers, appartiennent aussi, par leur coloris lumineux, à la même école. Bien des noms de paysagistes de talent sont encore

au bout de notre plume, mais l'espace **nous manque.**
Contentons-nous de citer **MM.** Busson , Papeleu ,
Guillaume, Bodmer, Achard, Cabat, Nègre, Doré, etc.,
mais non pas M. Flandrin, qui s'obstine à ne regarder
la nature que dans les toiles des maîtres anciens.

ANIMAUX.

M. Xavier de Cock a éveillé l'attention de tous les
artistes par l'envoi de trois tableaux qui ont en
germe toutes les qualités des maîtres. Ses vaches
manquent encore de facture, mais il y a des *partis
pris* à la Troyon qui révèlent de fortes études.

Le talent robuste de M. Palizzi domine au salon
celui de tous les autres peintres d'animaux. Nous
nous étonnons qu'une récompense sérieuse ne soit pas
venue couronner ses travaux. Son *Combat de béliers*,
ses *Modèles reproducteurs*, sont traités avec une maîtrise reconnue par tous. L'habileté extrême, minu-
tieuse, n'arrive jamais chez lui à la lourdeur. Le ciel
est toujours éclatant. On croit, près de ses animaux,
sentir la chaude haleine qui s'exhale de leurs toisons
épaisses.

Le peintre de l'entrain, de la poussière, le peintre
d'une originalité rare, n'est-ce pas M. Loubon ? Il
précipite du haut des monts ses animaux, et chèvres,
veaux, vaches, taureaux, brebis et chiens roulent
comme des dés au sortir d'un cornet. Le ton est
ennuyeux, mais le mouvement rachète ce défaut.
L'artiste multiplie les raccourcis et se joue à plaisir
des difficultés. Qu'il étudie beaucoup le *Palizzi*, puis-

qu'il voit mal la nature, pour donner à ses modèles cette vérité, cette odeur de l'étable et des pâturages qui leur manquent complétement.

M. Brendel est beaucoup plus vrai, et ses moutons sont très-remarquables.

M. Dubuisson, pour son *Attelage de bœufs*, a droit aussi à de sincères éloges.

M. Stevens n'a pas fait mieux cette année que son fameux *Métier de chien.*

Nous aimons les sangliers de M. Krockow, qui ont la sauvagerie de son nom. Les pigeons de M. Rousseau sont très-agréables, mais nous avouons notre préférence pour les tableaux de M. Monginot, qui peint comme un grand maître. Les *Jeunes chats, les Noces de Gamache, la Leçon de lecture,* sont trois tableaux d'un mérite réel.

PEINTURE DE GENRE.

Plus nous avançons ce compte rendu de l'exposition, plus notre tâche nous paraît ingrate et inutile. S'arrêter devant chaque tableau, en analyser l'aspect et formuler un arrêt, devient fastidieux à la longue et entraîne des redites. Il faut du reste l'avouer, on substitue le plus souvent son sentiment personnel à celui de l'auteur ; on ajoute ou l'on interprète à faux. On veut voir ce qu'il n'a pas mis et on le blâme comme s'il avait eu l'intention de mettre ce qu'on veut y voir. A propos de rien ou à propos de tout, les critiques se livrent à mille imaginations. Un coin de ciel, un bout de prairie, inspirent à celui-ci un poëme; celui-là, devant un tableau représentant un mendiant ou une scène de misère, se livre à des théories philanthropiques touchantes. Nous avons souvent pensé aux singulières erreurs qu'entraînerait la suppression des titres explicatifs. C'est principalement sur le titre que les écrivains brodent leurs tartines. La description supplée à la critique, les métaphores éclatent comme des fusées. Beaucoup de bruit pour rien. Ainsi, M. Aivasovski, dont les compositions prétentieuses semblent, tant l'effet est criant et tapageur, être vues à travers des vitres coloriées pareilles à celles des lanternes d'omnibus, a été jugé par le procédé suivant dans le *Monde illustré* :

Effet blanc d'hiver.

« Ce tableau est uniformément lilas, et vous envoie, par l'association des odeurs et des teintes, de douces bouffées du printemps. — Cette neige doit sentir bon ! »

Effet jaune des champs de blé.

« La chaude atmosphère de la moisson nous fait bouillir le cerveau, les épis mûrs bruissent sous l'haleine d'un vent chaud, les serpolets aromatisent l'air, les liserons boivent la lumière à pleines coupes, les moissonneurs cherchent l'ombre des charrettes et s'étendent sur les javelles. »

MM. Doucet, du Pays, Gautier, du Camp, Saint-Victor, About, Rousseau et *tutti*, chacun selon leur tempérament, varient ces dithyrambes. Le rapprochement de leurs jugements contradictoires ne manquerait pas de gaieté et rappellerait un peu la fable du *Meunier, son Fils et l'Ane*. Nous regrettons de ne pouvoir faire cette critique des critiques du Salon, en prouvant par des citations la vérité de notre dire.

Un fait sur lequel presque tous ces écrivains seraient d'accord, a été signalé par M. Maxime du Camp.

« Les personnalités s'affirment, dit-il ; mais, en se débarrassant des événements du passé, elles paraissent avoir une prédisposition fâcheuse à s'enfermer et pour ainsi dire à se confiner chacune dans un petit domaine exclusif. Bien des peintres, et des meilleurs, ont choisi une spécialité : les uns, celle de la Bretagne, les autres, celle de la Beauce, et celle de l'Egypte, et celle de Constantinople, et celle des jeunes mères, et celle du xvie siècle, et ainsi de suite à l'infini. — C'est là une tendance dangereuse, et j'y vois plus de préoccupation pour le commerce que pour l'art. A force de tourner dans le même sujet, on s'étourdit et on ne regarde plus la nature que sous un angle restreint ; or je crois qu'un artiste doit la contempler sous ses formes larges et multiples, s'il ne veut s'isoler d'elle et se réduire à la fonction facile d'un comparse qui répète toujours le même rôle. Que dirait-on d'un compositeur qui referait toujours la même romance ? »

Nous partageons complétement cet avis ; nous

croyons, comme l'auteur des *Chants modernes*, que pour être artiste dans le sens du mot, il faut atteindre plus haut qu'une imitation servile. Les peintres de nature morte, qui passent leur vie à reproduire des feuilles de choux et des carottes, ne sont que des *copistes*.

Gardons ce titre d'artistes pour ceux qui se sentent émus à l'heure de l'inspiration, et dont le pinceau reflète l'idéal qu'ils portent en eux. Quelle émotion peut éprouver devant sa toile un peintre occupé à copier avec une habileté extraordinaire des fruits ou des légumes?

M. Jadin, malgré la beauté de ses chiens et les intentions de paysage de ces derniers tableaux, nous paraît reculer devant sa mission en bornant son talent à la reproduction d'animaux. Le même reproche peut s'adresser à M. Couturier, qui a la *toquade* des poules et du fumier. M. Courbet, beaucoup plus mobile, choisit partout ses modèles ; aucune difficulté ne peut arrêter sa brosse vigoureuse ; mais ses compositions ont le mauvais goût de celles des peintres d'enseigne. Point de sentiment, et partant point de réalisme : c'est un parti pris de tout enlaidir, de rendre tout trivial. Sur les bords de la Seine — aux flots *bleus* — il fait se rencontrer deux créatures qu'on ne désire pas voir une seconde fois, tant elles sont répugnantes. Deux autres toiles représentent des biches d'un genre différent. Le peintre d'*Ornans* arrive à des qualités merveilleuses qu'il gâte à plaisir par des fautes grossières. Aucun autre, même M. Couture, ne pousserait le métier aussi loin; et cependant nous le classons parmi les peintres, et non pas parmi les artistes.

Au risque de commettre une hérésic en peinture, nous voulons étendre ce jugement à **M. Meissonnier**. Voilà qui est hardi, en présence de l'engouement du bourgeois et de celui des belles dames ! — Avez-vous vu les Meissonnier ? Où sont les Meissonnier ? c'est le cri général, et nous aurons bien du monde contre nous.

Rendre intéressants des personnages de convention, les traiter avec une adresse prodigieuse, un fini photographique; mettre de l'esprit dans les moindres détails, c'est le talent de M. Meissonnier. — Comme c'est bien ! dit-on devant ses œuvres ; comme c'est parfait ! mais jamais : comme c'est beau !

Là est le degré que devrait chercher à atteindre le peintre. Quel est celui qui admire assez stupidement M. Meissonnier pour ne pas en convenir ?

Ce qui est d'une importance extrême, c'est le choix du sujet : la plus belle musique ne peut sauver un libretto ridicule, le pinceau le plus habile ne peut triompher de l'indifférence que laisse une composition puérile.

Après avoir trouvé *le genre* qu'on doit exploiter, il faut encore un goût bien sûr pour savoir distinguer le sujet qui convient à son talent. — L'embarras est grand. Bien des peintres échouent pour n'avoir pas eu ce discernement! *Cham,* qui a peint des tableaux d'histoire alors qu'il ne songeait pas à dessiner ses charges spirituelles, pourrait le dire avec plus d'autorité : que de tâtonnements, que de désespérances, avant le jour où l'on est le Christophe Colomb de l'Amérique que l'on a dans le cerveau!

M. Robert Fleury, dont les travaux sérieux sont connus, a su cette année découvrir une composition tout à fait dans les moyens de son talent : aussi est-ce simplement un chef-d'œuvre.

Charles-Quint, hautain, dédaigneux, est venu à *Saint-Juste*, non pas pour y chercher un asile contre les enivrements du pouvoir et les entraînements de l'orgueil, mais parce qu'il sent en lui les germes d'une maladie cruelle. — Devant cet ennemi caché qui doit le vaincre, lui le vainqueur des autres, son front s'est assombri et sa pensée a interrogé Dieu. — Plus tard, dans les intermittences de son mal, les regrets de son abdication lui feront songer à la pourpre romaine.

Les divers personnages qui l'entourent sont bien en situation. — Le comte Melito, un genou à terre, remet au grand empereur la supplique de Philippe. Derrière lui, la suite composée d'Espagnols altiers et suberbes se mêle aux moines pleins de rigidité claustrale. La teinte générale est d'une harmonie admirable. Il y a, dans la distribution d'une lumière vive adoucie par une ombre transparente, la science des meilleurs maîtres vénitiens. — Sans nul doute, comme ensemble, comme détails, comme coloris comme dessin, ce tableau est le plus complet de l'exposition.

M. Gérôme, dans sa *Sortie du bal masqué*, d'une impression toute moderne, donne la preuve de l'importance du choix du sujet.

Cette toile est celle qui a le plus de vogue, et cependant les *Recrues égyptiennes*, du même artiste, nous paraissent 'préférables sous tous les rapports. Mais le public, qui veut toujours du spectacle, *panem et circenses*, regarde à peine ce qu'il ne comprend pas facilement. La scène du Pierrot, qui est dans ses moyens, l'attire tout de suite. Après l'orgie carnavalesque une risque est survenue. Le chauvinisme de l'honneur a exaspéré les têtes déjà exaltées. Un duel a été décidé. C'est en plein bois de Boulogne, au milieu d'un effet du matin, d'une finesse et d'un charme particuliers, que Pierrot, frappé en pleine poitrine, tombe dans les bras d'amis travestis. Dans le fond, Arlequin entraîne l'adversaire, déguisé en sauvage et dont l'attitude dénote la stupeur.

Ce qui ravit les visiteurs, c'est bien plus la mise en scène, l'expression très-réussie de la figure du Pierrot qui se réveille de son ivresse pour voir la mort devant lui à la place de sa gentille débardeuse, que les détails du paysage, qui sont d'une supériorité admirable.

M. *Comte* possède déjà la science; il est maître de son pinceau et très-habile *metteur* en scène du genre historique; il n'a qu'un pas à faire pour arriver à la peinture d'histoire. *Henri III visitant sa ménagerie de singes et de perroquets* (singes et perroquets assez mal facturés, du reste) est d'un coloris brillant et d'une touche séduisante. Il y a dans tout le tableau une intention gracieuse qui dégénère en mollesse. Il est vrai que les mignons et le roi débauché prêtaient à cette exécution efféminée, qui n'existe plus dans *Jane Grey* et dans *Catherine de Médicis faisant de la magie.*

Nous rangeons M. *Comte* dans la pléiade de ceux appelés à remplacer les noms qui s'éteignent chaque jour, et parmi lesquels brillait encore récemment Paul Delaroche.

Un peintre également de bonne souche, c'est M. *Hokert.* Dans la *Famille de pêcheurs en Laponie,* un sujet bien simple, sans prétention, il est arrivé aux proportions d'une œuvre.

Au milieu de la cabane à demi éclairée par une lumière savante, la famille est réunie. Le père raccommode les filets, la mère endort l'enfant empaqueté dans un berceau suspendu. Une quiétude, un bonheur intérieur se répand autour d'eux; et l'originalité des costumes et des moindres objets est rendue avec une clarté, une lucidité admirables. Peut-être même M. Hokert met-il dans ce *réalisme* trop de coquetterie. Nous sommes en Laponie, que diable! dans une cabane enfumée, et non pas dans un boudoir. Le costume de laine bleue de la mère, le berceau de l'enfant, nous paraissent trop neufs, et les vêtements du pêcheur pas assez sales. N'est-il pas *trop joli* l'accroc fait à la robe de la femme? Quelques vraies taches eussent mieux indiqué de rudes travaux.

Nous appuyons d'autant plus sur cette critique, qu'elle rehaussera l'éloge mérité que nous formulons.

M. *Alfred Stevens*, M. *Florent Wilhems*, voilà deux ciseleurs au fini merveilleux, deux Belges qui poussent l'exactitude matérielle à son dernier degré de perfection. Cette qualité trahit le manque absolu d'imagination et de spontanéité ; mais leur science d'imitation, nous ne disons pas leur art, nous paraît impossible à surpasser.

Il y a des gens qui parlent trop bien et qui fatiguent sans émouvoir. Ne pourrait-on pas dire à ces messieurs : De grâce, peignez plus mal !

La *Consolation* ou *Visite de deuil*, de M. *Alfred Stevens*, fera une délicieuse gravure. La veuve et l'orpheline ont une de ces douleurs silencieuses qui arrivent directement à l'âme. Il n'y a aucune affectation dans leur attitude. La jeune fille qui les écoute est attendrie, et le public partage son trouble.

L'Eté, Chez soi, Une petite industrie, offrent la même vérité et une justesse de tons aussi étonnante. Indiquons surtout le bon goût qui règne dans toutes ses compositions.

M. Wilhems aime à faire chatoyer la lumière sur les étoffes. Cela nous a ravi la première fois. Mais après la seconde, hélas ! Mais après la troisième, holà ! C'est donc une monomanie! Si Van Dyck s'en était tenu là, lui qui excellait dans cette manière, nous l'aurions sans doute oublié !

M. *Henri Baron* apporte le même soin dans ses costumes, mais il ne se contente pas de cela, et son *Retour du jeu de paume* intéresse par l'animation.

M. *Stéphane Baron* a traité un sujet exposé déjà par M. Armand Laroche, *le Doute de Faust*. En comparant ces deux toiles, nous préférons, pour ses qualités de chaleur et de recherche, celle de M. Laroche, dont l'exécution était plus faible, mais toute d'inspiration. Cette année, l'envoi de M. Laroche est une figure allégorique de la *Jalousie*. La tête de la femme exprime ces sombres fureurs de *Médée*. Ce n'est point une douleur vulgaire que la sienne. Elle aime réellement. Le démon qui lui souffle le poison fatal, en lui désignant l'amant qui trahit, est peint dans une gamme lugubre très-énergique. C'est un talent nerveux que celui de M. Laroche ; il se révélera tout entier avant peu, s'il continue à procéder par des études aussi sérieuses que celles-là.

Le *Pygmalion* de *Tassaert* a, comme toutes les productions de ce maître, un aspect saisissant, mais toujours par trop blafard. Pour arriver à un grand effet, cet artiste n'a pas besoin de grandes toiles. Son pinceau est concis et ardent. C'est un poëte inspiré qui peint sa pensée. Sa *Magdeleine,* son *Pardon,* sont des compositions d'un fort beau caractère, alliant la noblesse à l'originalité.

Les *Choassa*, éclaireurs arabes, de M. Rodolphe Boulanger, ont une pureté de facture exempte de toute banalité. L'immensité du désert, son silence effrayant, ses brûlantes émanations, se retrouvent dans cette petite toile qui a la valeur d'un chef-d'œuvre. Les éclaireurs arabes plantés en embuscade surveillent le campement ennemi. Ils se sont glissés comme fait le serpent. Ils dressent leurs têtes, attentifs et muets, prêts à faire feu.

La tonalité chaude qui les entoure est d'un effet bien moins tapageur que celle de M. *Frère*, qui détruit la *sérénité* par trop d'éclat.

Louis Boulanger a exposé de gais souvenirs espagnols. — Son *Sancho Pança retrouvant son âne* n'est pas le moins attrayant. — L'ânon rappelle les Callot, et le Sancho les meilleurs Flamands, — les naïfs. — Ces *gentilshommes* de la Sierra sont superbes de prestance.

M. Adolphe Aze a traduit très-heureusement une page de Gil Blas ; et pour être des Espagnols de convention, ses personnages n'en sont pas moins très en situation.

En conservant les qualités de sobriété et de mesure qu'il tient de M. Robert Fleury dont il est l'élève, et en acquérant chaque année une individualité plus marquée, M. Aze — couronné déjà à son début — verra souvent se renouveler cette distinction.

Jules Cornillet a fait son coup d'essai à l'exposition ; — ses trois envois sont loin d'être sans promesses. — On devine qu'il cherche encore la voie qu'il doit suivre, mais cette recherche est faite avec sincérité.—Sans doute il y a un peu de banalité dans sa composition de *Salvator Rosa ;* rien n'est risqué, mais le dessin est souvent hardi et l'ensemble satisfaisant.

Sa *Rêverie* a beaucoup trop de joli et pas assez de fraîcheur. — Les qualités de la jeunesse sont ou l'audace ou la naïveté. Elles nous paraissent absentes dans les tableaux de ce jeune artiste.

Exceptons pourtant son *Portrait*, qui, placé dans une des dernières salles, attire l'attention, parce que le sentiment domine l'exécution.

Si Werther, le héros de Gœthe, eût été peintre, ses toiles auraient été empreintes de l'inexprimable mélancolie contenue dans toutes les œuvres de l'auteur de la *Mal'aria*. — Ceux qui reprochent à M. Hébert cette tristesse maladive, cette couleur *convalescente*, ressemblent aux gens qui préfèrent les airs de quadrilles aux mélodies de Chopin.

Les *Fienarolles de San Angelo* n'ont pas les nobles allures des belles Napolitaines. Ce sont de chétives créatures tourmentées par un mal secret, et dont le regard profond est comme celui des poitrinaires.

Il est touchant l'intérêt qu'éveillent ces pauvres filles, enveloppées déjà de la poésie sombre du tombeau.

Dans le portrait de la princesse de B..., l'un des plus beaux du Salon, M. Hébert traduit encore son impression intime sans nuire à la beauté de l'exécution.

Une cause malheureuse a nui cette année à la récompense bien méritée par un artiste dont le talent attire les sympathies les plus intelligentes. Nous voulons parler de M. Luminais, qui joint à un grand bonheur de facture et à des qualités d'imprévu, un sentiment de poésie qui ne s'acquiert pas.

Son *Pèlerinage breton* s'est trouvé par deux fois placé de la façon la plus désavantageuse. Aussi a-t-il été mal jugé !

C'est cependant une des meilleures compositions de cet artiste, qui peint comme écrivait Emile Souvestre, et dont le cœur dirige toujours le pinceau.

Les croyances naïves des personnages, leurs habitudes se reflètent dans chaque figure, qui est tout un poëme de sentiment. Point d'élément dramatique, de *flafla* ; — une interprétation rêveuse, voilà tout ! Ce n'est pas assez pour les profanes.

Il y a dans cette toile , entre autres détails heureux, un petit cheval breton d'une vérité étrange. Regardez le cavalier, et vous comprendrez la *familiarité* qui existe entre lui et la vaillante bête. Ce sont là des finesses d'observations que le public ne se fatigue pas à apprécier.

Supprimez les personnages, contemplez le ciel nacré, que nul autre ne rendrait aussi bien, et au milieu de ces champs mornes, dites si un accent si vrai de la Bretagne bretonnante ne suffirait pas à illustrer un pinceau.

M. Luminais ne sera pas découragé par la fâcheuse circonstance qui retarde son succès. Ses compositions, toujours poétiques et spirituelles, ont fait aimer son nom. Il justifiera toutes les espérances fondées sur son talent et forcera ainsi une récompense qui lui était due.

M. Amédée Guérard, qui est aussi un jeune, a obtenu, pour son *Jour de fête en Bretagne*, mieux qu'une médaille, les bravos de tous les artistes. Il était difficile de mettre plus de gaieté, plus d'entrain, plus d'*ensoleillement* qu'il n'y en a sur cette grande route, où, bras dessus, bras dessous, gambade la bande joyeuse de paysans de la même ferme, se rendant à la frérie. Ils vont s'amuser aussi bravement qu'ils travaillent, et les grosses plaisanteries sont au bout de leurs lèvres. La bonne vieille *endimanchée* qui est au milieu partage l'allégresse. La gaieté des autres l'a grisée. Pauvre vieille, c'est peut-être la dernière fois qu'elle se rend au village.

Chaque physionomie est d'une vérité qui dénote de sérieuses études. Il y a une franchise d'allure remarquable. Une seule observation : je trouve les figures des femmes trop léchées, trop rosées, trop lisses. Il faut songer que le soleil les embrase toute la journée et qu'elles ignorent le cold-cream et la poudre de riz.

Le peintre des *réminiscences*, c'est M. *Bouguereau.* — Il a tenté cette année le genre ingrat de l'allégorie. *L'Amour*, *l'Amitié*, *la Fortune*, *le Printemps*, *l'Été*, *la Danse*, *Arion sur un cheval marin*, *Bacchante sur une panthère*, *les Quatre heures du jour*, voilà des sujets qui conviendraient bien mieux à la sculpture, et qui sont sans doute destinés à la décoration.

Ces tableaux, peints à la cire, rappellent les fresques classiques et n'ont d'autre mérite que la beauté plastique, c'est-à-dire la pureté des lignes et le fini du modelé.

En voulant représenter une impression réelle, l'*Inondation de Tarascon*, M. Bouguereau est resté impuissant. N'est-ce pas là le sort réservé à tous les lauréats de l'école de Rome qui s'obstinent à faire abnégation complète de leur individualité pour chercher le beau dans l'imitation servile de l'antique et de la renaissance?

Le nom de M. *Galimard* est connu du public. — Sa célébrité est rivale de celle du fameux *Crédeville*, dont le nom est inscrit jusque sur les pyramides d'Egypte. — Tout le bruit qu'il a fait ou qui a été fait autour de son nom nous intriguait fort. Nous nous attendions à une exhibition extravagante ou pour le moins originale. Loin de là, l'œuvre de M. Galimard est tout à fait dans l'esprit de l'Institut. Sa *Léda* révèle une bonne entente de la forme, et ses sujets religieux de consciencieuses études. — La couleur est froide, mais les figures ne manquent pas d'expression. —

Nous détestons cette peinture, mais elle a de sérieuses qualités. — Du reste, ce peintre n'aurait pas autant d'ennemis s'il était aussi peu fort qu'on veut bien le dire. — M. Galimard est beaucoup l'ombre de M. Ingres !

MM. Benouville, Cabanel, Barrias, Jalabert, sont des *puristes* qui peignent comme écriraient les meilleurs grammairiens. — Ils ont la science, et leur style est d'une noblesse irréprochable. — Un goût élevé préside à leurs compositions. — Ils ne sont pas cependant académiciens, mais ils cherchent à éviter les exagérations romantiques.

Les Deux Pigeons, de M. *Benouville*, plaisent à tout le monde absolument comme les pièces d'Emile Augier. Vous savez le charmant apologue du bonhomme *la Fontaine*, — ce Béranger de la fable :

> Deux pigeons s'aimaient d'amour tendre,
> L'un deux, s'ennuyant au logis,
> Fut assez fou pour entreprendre
> Un voyage au lointain pays.

Lequel de nous a été assez sage pour éviter ce voyage décevant? Combien en revenant n'ont plus trouvé les visages aimés ?—Pour ceux-là, l'amante s'était lassée. —Pour ceux-ci, la pauvre mère était morte sans bénir le fils vagabond.

M. Benouville a dramatisé le sujet. — La pluie fait tapage au dehors, — le vent hurle, — un voyageur se présente à la porte; — l'amante le reconnaît, elle s'élance dans les bras du malheureux ! Malgré la pâleur morbide du jeune homme, sa physionomie manque de révélation. —Il n'a pas vécu, il n'a pas souffert. — Les passions ne sont pas exprimées et la souffrance n'est que physique.

Raphaël apercevant la Fornarina et *le Poussin sur les bords du Tibre*, sont deux envois moins heureux. — Le premier tableau est acheté par M. Pereire ;—le coloris est plus ferme et plus séduisant que dans les deux autres toiles.

Michel-Ange à la chapelle Sixtine, de M. Barrias, est une œuvre remarquable comme exécution, — mais c'est tout. L'inspiration n'est pas venue seconder l'habileté du pinceau. Cet artiste, perdu dans la contemplation du beau, ressemble aux portraits de Michel-Ange ; l'attitude est très-naturelle ; il n'y a aucune faute dans la composition, sinon l'absence absolue de sentiment. —On ne trouve pas son Michel-Ange ; — on le cherche, même en le regardant. Il y a loin de cette toile aux *Exilés de Tibère*.

Reproche identique à M. Cabanel pour son *Michel-Ange dans l'atelier*, taillant en plein bloc son superbe *Moïse*.

Othello racontant ses batailles est d'un effet prétentieux, mais des détails sont très-appréciés par les amateurs d'étoffes, — à l'instar de M. Wilhems.

Raphaël entouré de ses élèves, de M. Jalabert, est dépourvu aussi d'originalité. Tout en reconnaissant le talent et les intentions de ces quatre derniers artistes, nous sommes forcés d'avouer qu'ils tardent à réaliser les promesses de leurs débuts.

Les tableaux de M. *Hamon* sont douloureux à voir. Cette afféterie déplorable qui lui avait valu un premier succès se retrouve, poussée à l'extrême, dans les dix toiles qui composent son bagage à l'exposition. On avait encouragé le vice, et M. Hamon lui a sacrifié les qualités de sentiment et de grâce qu'il avait encore il y a peu d'années. Ses compositions, d'une puérilité prétentieuse, ont des titres comme ceux-ci : *Ricochet,* enseignement mutuel, *Papillon enchaîné, Cantharide esclave,* et autres fariboles.

M. Glaize est un chercheur. Il veut plus qu'intéresser, et il réussit souvent à faire penser. — On se rappelle son *Pilori.*—Il a pris cette année un sujet moral tout moderne : devant la boutique d'un changeur à l'étalage duquel brille le métal tentateur, deux affamés sont arrêtés, en proie aux coupables désirs. Cette convoitise est bien rendue. — Les *Amours à l'encan* sont une fantaisie qui demandait un moins grand cadre.

M. Gendron s'est inspiré de ces vers :

> L'abîme s'éclairait d'un rayon immortel ;
> De pâles visions, de longs spectres de femmes,
> Réalisant ces cris et ces soupirs des âmes,
> Montaient du fond du gouffre au ciel.

C'est de la poésie nuageuse, et de pareilles abstractions sont difficiles à aborder avec le pinceau. — Rendons cette justice à M. Gendron, qu'il se préoccupe bien plus de son impression personnelle que de celle du public, au goût duquel il ne fait aucune concession.

Un sujet tout opposé a été traité, avec des intentions aussi bonnes, par M. Gautier (Amand). — Les *Folles à la Salpétrière* sont d'une vérité émouvante.

La *Chasse féodale*, de M. Henneberg, a le galop infernal des ballades. — Il y a une ardeur générale qui fait deviner un peintre d'avenir.

M. Patrois a exposé plusieurs scènes empruntées à la vie de famille. On pourrait dire que cet artiste est le peintre des enfants. Il sait admirablement grouper en bouquets ces têtes blondes qui sourient, et saisir sur ces visages roses l'expression d'un sentiment ou d'une pensée. L'arrangement est gracieux, la couleur agréable, sans afféterie, et il est facile de voir que si M. Patrois voulait aborder de plus importants sujets, ce n'est ni la science, ni l'inspiration qui lui feraient défaut.

Nous terminons sans mentionner les petites toiles ficelées, où excellent MM. Plassan, Chavet, Fauvelet, Fichel, etc.

Nous faisons une mention particulière à un nouveau venu, M. *Grenier de Saint-Martin*, pour son *Cercle au XVIIIᵉ siècle*, dans lequel il a mis un esprit très-franc. L'adresse déployée dans la distribution des groupes rivalise avec celle de M. Léman, qui reste à la tête de ce genre de peinture.

SCULPTURE.

Depuis que la sculpture a perdu ses maîtres illustres : David, Rude, Pradier; — nul élu, nul front auréolé n'est venu s'emparer du glorieux héritage laissé par eux.

Aussi l'exposition de cette année ne compte aucun chef-d'œuvre. Le temps était cependant propice pour un succès. MM. Christophe, Préault, Cavelier, M. Barye lui-même, s'étaient abstenus. En présence de cette pauvreté, quelques critiques se sont mis à répéter la phrase consacrée : *Le grand art de la statuaire s'en va !*

Autant dire, l'hiver, que le soleil nous abandonne. Bien avant eux on n'avait pas voulu tenir compte des lois de la transformation. Phidias meurt; on crie : Les dieux s'en vont ! jusqu'au moment où ils reparaissent sous les traits de Michel-Ange, et plus tard sous ceux de Puget ! Le dieu, c'est le beau ! Or, le beau a des formes multiples, des expressions diverses, appropriées aux mœurs, aux temps, aux climats.

Pour passionner, pour arriver au génie, nos sculpteurs, qui sont réduits à l'état de manœuvres habiles, n'ont qu'à s'affranchir de toutes les servitudes de l'école. Qu'ils cherchent à être une des voix de leur siècle, comme l'auteur du *Départ*, — et non pas un écho toujours affaibli *de l'antique,* — comme la plupart des exposants du Salon.

Au lieu d'avoir en eux leur *idéal* et de chercher à lui donner une forme, — ils veulent idéaliser une forme suprise. — Leurs œuvres sont le plus souvent nées du hasard. — Leur imagination paresseuse a besoin d'être surexcitée par les modèles, et ils puisent leurs inspirations dans d'heureuses rencontres de poses. — Aussi arrive-t-il qu'après une première œuvre applaudie, on s'étonne de voir un de ces artistes d'occasion rester stationnaire, et même descendre à la médiocrité.

La fameuse *Pénélope* de M. Cavelier, refusée à l'exposition universelle par M. le duc de Luynes, était-elle donc une fille de hasard ? Comment se fait-il que ce statuaire s'endorme sous un laurier qui nous paraît aussi fatal que l'ombre du mancenillier !

Ses bustes de cette année, ses travaux au Louvre, à la tour Saint-Jacques la Boucherie, au musée de Versailles, bien que très-consciencieux, sont au-dessous de sa réputation. — Nous demandons à M. Cavelier une véritable œuvre, car succès oblige comme noblesse.

Les éloges trop prodigués font l'effet de l'encens , ils enivrent ; aussi les réservons-nous pour ces deux œuvres d'outre-tombe : *l'Amour dominateur* et l'*Hébé*, de Rude.

Un extrait d'une lettre du grand sculpteur explique

de quelle manière il comprenait son art. Il s'agit de sa composition de *l'Amour dominateur* :

« Je place l'esprit au milieu de la matière, dit-il.
» Cette petite figure allégorique que nous appelons
» Amour et que les Grecs regardaient comme le plus
» ancien de leurs dieux, ce génie féconde toute la
» création. Je figure l'eau tout autour de la terre;
» les oiseaux représenteront l'air, le feu sera le
» flambeau. Je tâcherai de décorer, sans prétentions
» ni confusion, la terre et l'eau : des poissons, des
» coquillages pour celle-ci ; sur le promontoire, des
» fleurs, de petits reptiles, enfants de la terre. Un
» serpent faisant le tour de la plinthe terminera cette
» composition par la représentation de l'éternité. »

Cette pensée profonde est traduite dans toute sa force et dans toute sa suprême beauté. Le dédain moqueur de la lèvre inférieure anime la physionomie de l'enfant mutin et tyrannique. Les attributs ne surchargent pas.

La maigreur de l'*Hébé*, du même maître, a fait notre joie. Il y a longtemps que nous désirions que la sculpture fît palpiter un peu plus les nerfs au préjudice de la chair. Cette délicatesse chétive est bien plus élégante que l'ampleur des formes.

Hébé, nue, à demi enveloppée par les ailes de l'aigle olympien, élève sa coupe avec grâce. Les contours se développent avec une finesse extrême. La beauté mignonne, fragile, ajoute à la chasteté, et malgré la fraîcheur et la jeunesse, qui sont les qualités dominantes de cette statue, le sentiment de pudeur est conservé.

Les *bons* camarades de M. Millet lui reprochent d'avoir un excellent praticien et veulent reporter à cet ouvrier remarquable les honneurs du succès do l'*Ariane.* Cette observation, si elle n'est pas inspirée par la jalousie, ne vaut pas la peine d'être relevée. L'*Ariane* est une des bonnes figures du Salon. L'attitude en est simple et émouvante à la fois. Accoudée sur un rocher, elle pleure son abandon ; mais sa douleur n'est pas du désespoir, et ses larmes ont de la noblesse. Sa beauté est peut-être trop vigoureuse, trop solide. Ce jugement, après ce que nous avons dit de l'*Hébé* de Rude, paraîtra logique. Il a été convenu de faire *gras ;* l'antique n'offre pas un seul exemple de ces contours effilés que nous aimons, et les jeunes *n'osent* pas *oser.* La tête de l'*Ariane,* qui est pourtant moderne, n'en est pas moins très-complète. Hier, M. Millet avait du talent : aujourd'hui, c'est un artiste.

Passons vite devant les études académiques semblables à l'*Ajax menaçant les dieux,* de M. Bogino ; ne nous arrêtons pas devant les compositions plus honorables cependant d'anciens grands prix de Rome, tels que MM. *Perraud, Gumery, Gruyère, Guillaume, Lequesne, Jules Thomas.* Les côtés scientifiques, la beauté des muscles, la sûreté du modelé, ne peuven inspirer cet enthousiasme qu'on éprouve pour toute. les belles choses créées par l'art ou par la nature.

Laissons donc en proie à l'oubli ces sculptures bornées à l'imitation des chefs-d'œuvre anciens.

Le *Faune jouant avec une panthère*, de M. Becquet; l'*Enfance de Bacchus*, de M. Perraud; la *Chaste Suzanne*, de M. Huguenin; la *Terpsichore*, de M. Malknecht, méritent une mention particulière.

Citons également la *Psyché*, de M. Calmels, qui est d'une grande séduction ; le *Léandre*, de M. Guitton, d'un mouvement fort heureux; la *Fille de Jephté*, de M. Fabisch, d'une vérité de pose très-rare, et la *Belle de nuit*, de M. Bonaffé, d'une recherche prétentieuse et puérile. La difficulté vaincue ne laisse voir que des qualités de métier au préjudice du sentiment. Ce n'est pas la *Belle de nuit*, mais la *transparence d'une draperie* qu'il eût fallu nommer cette figure.

Parmi les sculpteurs qui renoncent aux réminiscences fastidieuses de l'école, désignons en première ligne M. Lebœuf, qui a représenté le travail sous les formes et dans le costume d'un ouvrier moderne. C'est un robuste forgeron appuyé sur un lourd marteau ; un livre sort à demi de sa veste pour indiquer que son âme non plus ne reste pas inactive. Malgré des inhabiletés d'exécution, on a demandé que cette statue, coulée en bronze, soit exposée sur une de nos places publiques, et c'est justice.

M. Arnaud est de ceux qui ne puisent leurs inspirations qu'en eux-mêmes : aussi est-on sûr de s'arrêter avec sympathie devant ses œuvres. La tête de bacchante de son *Automne* est développée avec l'ampleur vigoureuse et souple qui caractérise son talent. Le *Printemps*, où se retrouvent les mêmes qualités, et le buste de *Henri IV*, ramené habilement à la distinction sans que la bonhomie historique du roi *vert-galant* soit altérée, justifient au delà les commandes que l'Etat vient d'accorder à ce jeune maître.

Le *Joueur de biniou*, de M. Lebourg; un *Chasseur indien surpris par un boa*, de M. Ottin; les *Dénicheurs*, de Lechesne, sont des œuvres d'entrain et d'une entente parfaite. Le *Joueur de biniou* vaut à lui seul bien des grandes machines académiques. Avis à M. Brunet, l'auteur de *Job sur son fumier*.

Le *Semeur*, de M. Vallette, attire l'attention, et il faudra bien peu d'acquis pour faire de ce sculpteur un artiste remarquable.

Nous ne promènerons pas le lecteur à travers les rangées nombreuses des bustes. La série la plus intéressante est celle de M. Cordier.

MM. Cavelier, Etex, Oliva, de Nieuwerkerke, Dantan, Elias Robert, Pollet, ont apporté chacun les qualités de grâce, d'expression et d'élégance qui sont le cachet de toutes leurs œuvres.

M. Ludovic Durand a traité avec une poésie charmante la tête sympathique de Dauvergne. Le suffrage des artistes a été cette année sa récompense ; n'est-ce pas le meilleur encouragement?

M. Philippe Poitevin nous permettra de ne pas parler de son buste pour rappeler sa charmante

étude de l'exposition universelle : le *Joueur de billes*.
Comment se fait-il que cette œuvre toute de jeunesse
et de sentiment soit encore dans l'atelier de ce
sculpteur, et que Marseille, sa ville natale, n'en en-
richisse pas son musée ?

Terminons ici, pour ne pas rivaliser avec le livret,
cette trop longue énumération, et afin de racheter
ce qu'elle a de fastidieux, citons les beaux vers de
M. de Laprade, qui résument, écho merveilleux de
notre pensée, tout ce que nous pourrions écrire à
propos de la sculpture :

> Laisse, artiste sacré, crouler tes vieux modèles.
> Sans détacher ta main de tes marbres fidèles,
> Quand nul dieu ne s'impose à ton libre ciseau,
> Ecoute ta pensée et cherche l'art nouveau.
> Si la blanche Aphrodite a déserté les grèves,
> Contemple les beautés qui peuplèrent tes rêves.
> Vers l'Olympe désert ne tourne plus les yeux ;
> Regarde dans ton cœur, c'est là que sont les dieux
> . . . .
> Mêle, quand tu pétris l'argile entre tes mains,
> Des gouttes d'eau du ciel à quelques pleurs humain
> Prends un peu de ton âme, un peu de la nature.
> Aux baisers du soleil expose la figure.
> Dès que luira son front, doré par un reflet,
> Ebauché dans ton cœur, le dieu sera complet

IMPRIMERIE CENTRALE DE NAPOLÉON CHAIX ET Cⁱᵉ RUE BERGÈRE 20. — 9679

www.ingramcontent.com/pod-product-compliance
Lightning Source LLC
LaVergne TN
LVHW021818170726
843503LV00007B/3248